Annette Stahl

Katzen-Kind & Mini-Maus

Toll geschminkt in 5 Minuten

CHRISTOPHORUS
BRUNNEN-REIHE

SEIT MEHR ALS 30 JAHREN STEHT DER NAME „CHRISTOPHORUS" FÜR KREATIVES UND KÜNSTLERISCHES GESTALTEN IN FREIZEIT UND BERUF. GENAUSO WIE DIESER BAND DER BRUNNEN-REIHE IST JEDES CHRISTOPHORUS-BUCH MIT VIEL SORGFALT ERARBEITET: DAMIT SIE SPASS UND ERFOLG BEIM GESTALTEN HABEN – UND FREUDE AN SCHÖNEN ERGEBNISSEN.

ISBN 3-419-56050-8

2. Auflage 2000

Styling und Fotos: Andreas Gerhardt, Bötzingen
Vorlagenzeichnungen: Holger Simon, Wittnau
Textredaktion: Dr. Ute Drechsler-Dietz
Umschlaggestaltung: Network!, München
Produktion: Print Production, Umkirch
Druck: Freiburger Graphische Betriebe, 2000

CHRISTOPHORUS
Bücher mit Ideen

Inhalt

Herzlichen Dank an die Kinder aus dem Kindergarten in Kiechlinsbergen am Kaiserstuhl. Es war sehr schön, mit Euch Fotos zu machen!

Face-Painting für Kids

Was heißt Face-Painting? Richtig, Sie haben es gewußt: Gesichtsbemalung. Die häufig gebrauchte Bezeichnung „Kinderschminken“ ist irreführend. Face-Painting spricht alle an, unabhängig von Alter und Geschlecht. Daß gerade Kinder bei Kindergeburtstagen, Schul- und Straßenfesten sowie vor allem bei Faschingsveranstaltungen begeisterte Fans des Face-Paintings sind, liegt in der Natur der Sache. Denn in nur wenigen Minuten schlüpfen sie in eine fremde Rolle, in eine farbenprächtige Welt von Fantasiegestalten. Lassen Sie sich also von mir entführen in diese Märchenwelt.

Ihre

Die Farben

Für das Schminken der Kinder wird hauptsächlich Water-make-up (wasserlösliche Schminkfarbe/Aqua-Color) verwendet. Die Haut kann unter diesen hochwertigen Farben atmen. Deshalb sind sie sehr gut verträglich.
Sie erhalten die Farben im Fachhandel. Angeboten werden Kästen mit 6, 12 und 24 Farben. Für den Normalgebrauch kommen Sie mit einem Schminkkasten mit 12 Farben gut aus. Wichtig sind die Grundtöne, denn die Farben lassen sich sehr gut untereinander mischen.
Water-make-up kann mit lauwarmem Wasser und etwas Seife leicht von der Haut abgewaschen werden. Waschbare Kleidungsstücke mit Seife und Wasser vorbehandeln und anschließend wie gewohnt waschen.

So geht's!

Material
- **Farbpalette**
- **Glitter**
- **Kosmetikschwämmchen**
- **Stoppelschwamm**
- **Katzenzungenpinsel, Nr. 3**
- **Rundpinsel, Nr. 4**
- **Wassergefäß**
- **Pumpsprayflasche (Blumenspritze)**
- **Papiertücher (Küchentücher)**
- **feuchte Reinigungstücher**
- **Handspiegel**

Grundregeln

◆ Das Kind auf einen Hochstuhl (Barhocker) oder auf den Tisch setzen und mit Ihrer linken Hand den Kopf des Kindes fixieren. Sie selbst stehen.
◆ Die Masken nach dem Alter der Kinder aussuchen. Denken Sie daran, daß kleine Kinder in der Regel nicht länger als fünf Minuten still sitzen können.
◆ Water-make-up auf die saubere, trokkene Haut auftragen (nicht eincremen).
◆ Immer zuerst grundieren. Je dunkler die Farbe, desto schwieriger ist es, eine gleichmäßige Deckung zu erreichen. Danach mit dem Pinsel die Konturen in den jeweiligen Farben schwungvoll malen.
◆ Farbintensiver wird die Grundierung bei den Farben Hellblau und Pink, wenn Sie eine hauchdünne weiße Vorgrundierung auftragen.
◆ Farben und Pinsel stets peinlich sauber halten und das Wasser regelmäßig wechseln.

Glitter-Effekte

Mit Glitter lassen sich bei Masken aller Art grandiose Effekte erzielen. Verwenden Sie aber ausschließlich einen weichen Kosmetikglitter oder Glittergel. Verwenden Sie niemals für den Bastel- und Dekorationsbereich angebotenes Glitterpulver, da es häufig Metall- oder Glassplitter enthält, die zu Haut- und Augenverletzungen führen können. Glitter nicht zu nah an die Augen und vor allem nicht in die Augen bringen. Ich selbst verwende überwiegend holographischen Glitter, der jeder Maske einen strahlenden, schillernden Ausdruck verleiht. Farbe auf den Pinsel nehmen, den Pinsel sofort in Glitter tauchen und beides zusammen auftragen. Sie können auch zunächst die Konturen aufmalen, dann den mit Wasser angefeuchteten Pinsel in Glitter tauchen und gezielt auf die Konturen tupfen.

Tip
Eine besonders reizvolle Maske erhalten Sie, wenn Sie eine Prise Glitter (eventuell im Salzstreuer) auf die noch feuchte Farbe streuen. Dazu den Kopf zurücklehnen und bei geschlossenen Augen den Glitter sparsam über das ganze Gesicht verteilen. Sie werden staunen, wie prächtig und wertvoll Ihre Maske geworden ist!

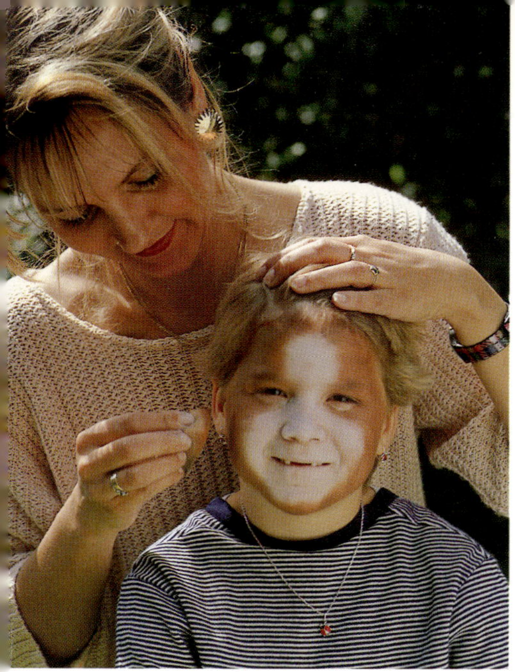

Schwämmchen

Die Grundierung wird mit einem speziellen feinporigen Kosmetikschwämmchen aufgetragen. Den Schwamm mit einer Pumpsprühflasche oder Blumenspritze (feinster Strahl) befeuchten, Farbe aufnehmen und auf dem Handrücken testen.
Mit dem großporigen Stoppelschwamm (auch Stippelschwamm genannt) erreicht man spezielle Effekte. Besonders hilfreich ist er beispielsweise zum Schminken eines 3-Tage-Bartes (bei den Seeräubern, Seite 18).

Tip

- **Halbieren Sie das Schwämmchen mit einer Schere. So ist es handlicher und Sie haben aus einem zwei gemacht. Außerdem hat die Schnittkante eine größere Auftragefläche.**
- **Unbedingt darauf achten, daß der Schwamm nicht zu naß ist, da die Grundierung sonst ungleichmäßig und fleckig wird. Ein nasser Schwamm ist unbrauchbar. Das gilt auch für den Stoppelschwamm.**

Pinsel

Für die hier vorgestellten Masken benötigen Sie einen Rundpinsel Nr. 4 für Konturen und einen Katzenzungenpinsel Nr. 3 für Lippen, Punkte und alle Rundungen. Echthaarpinsel, z. B. aus Rotmarderhaaren, sind absolute Spitzenklasse, aber auch entsprechend teuer. Sie halten die Farbe länger. Synthetikpinsel sind wesentlich preiswerter und tun es auch. Borstenpinsel und typische Schulmalpinsel sind ungeeignet.
Zum Schminken die Farben leicht besprühen, den Pinsel befeuchten und damit Farbe aufnehmen. Den Pinsel aus dem lockeren Handgelenk (und nicht aus dem ganzen Arm) und mit leichtem Druck zügig führen. Am Ende einer Linie den Druck vermindern, um eine schöne Spitze zu erzielen.
Nach jedem Farbwechsel den Pinsel gut in Wasser ausschwenken. Den Pinsel niemals im Wasser stehen lassen.

Außerdem benötigen Sie noch:
Ein *kleines Gefäß* mit sauberem Wasser zum Auswaschen und *Papiertücher* (Küchentücher) zum Abstreifen der Pinsel. *Feuchte Reinigungstücher* zum Abwischen schmutziger Kindergesichter Und ein *Spiegel* darf natürlich auch nicht fehlen!

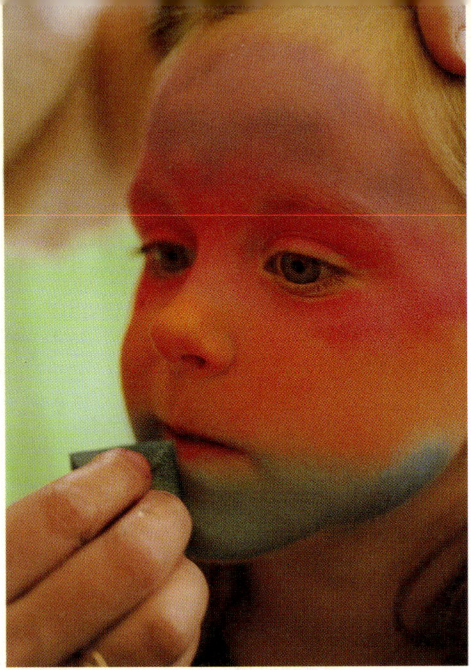

Südsee-Traum

1 Mit einem feuchten Schwämmchen von der Stirn bis zum Kinn in Querstreifen grundieren, beginnend mit Violett auf der Stirn über Pink, Orange bis zuletzt Blau.

2 Auf die rechte Wange die Sonne malen und mit Glitter betupfen. Auf die linke Wange mit dem Rundpinsel und brauner Farbe den Palmenstamm senkrecht bis zum Stirnansatz auftupfen. Grüne Palmenwedel über die Stirn ziehen.

3 Die Möven mit Schwarz gestalten. Von der Sonne aus nach unten ein paar Striche in Weiß, Gelb und Blau ziehen. Den Mund rot ausmalen.

Farben

- **Lila, Pink, Orange, Blau, Gelb, Braun, Grün, Schwarz, Rot, Glitter**

Hilfsmittel

- **Schwämmchen**
- **Pinsel**

Häschen & Kätzchen

Farben

- **Weiß, Schwarz, Rot, Pink, Glitter**

Hilfsmittel

- **Schwämmchen**
- **Pinsel**

❶ Den Bereich über den Augen und der Oberlippe zu den Wangen hoch, ebenso von der Stirn zum Haaransatz mit einem feuchten Schwämmchen weiß grundieren. Beim Häschen über den Augen Pink, auf das Kinn als Zähne Weiß auftragen.

❷ Mit dem Rundpinsel und schwarzer Farbe, eingetaucht in Glitter, schwungvoll die Konturen der Grundierung nachziehen.

❸ Die Nase mit dem Katzenzungenpinsel bei der Katze rot und beim Hasen pink bemalen. Den Mund bei beiden schwarz gestalten.

❹ Für den Schnurrbart schwarze Punkte über die Oberlippe tupfen, beim Häschen zusätzlich von innen nach außen Schnurrhaare über die Wangen ziehen.

Pfiffiger Clown

Farben

- **Weiß, Gelb, Blau, Rot, Schwarz, Grün, Glitter**

Hilfsmittel

- **Schwämmchen**
- **Pinsel**

❶ Oberhalb der Augen mit feuchtem Schwämmchen weiß und um den Mund gelb grundieren.

❷ Die gelbe Grundierung um den Mund mit dem Pinsel rot und blau umranden.

❸ Auf beiden Wangen mit dem Katzenzungenpinsel jeweils in verschiedenen Farben und Größen Punkte aufmalen.

❹ Oberhalb der Augen die weiße Grundierung mit dem Pinsel blau umranden. Mit schwarzer Farbe über den Augen ein Kreuz aufmalen und die Mundwinkel hochziehen. Nasenspitze und Lippen rot bemalen.

Raffinierte Mini-Maus

Farben

- **Weiß, Schwarz, Pink, Rot, Glitter**

Hilfsmittel

- **Schwämmchen**
- **Pinsel**

❶ Gesicht und Lippen mit einem feuchten Schwämmchen weiß grundieren. Danach auf der rechten Stirnseite mit dem Schwamm in Pink eine Schleife auftragen.

❷ Mit dem Katzenzungenpinsel und schwarzer Farbe werden die Konturen um das Gesicht gezogen und stark ausgemalt.

❸ Mit dem Rundpinsel und schwarzer Farbe die Schleife umranden und die Mundwinkel hochziehen.

❹ Mit roter Farbe auf die Lippen ein kleines Herz malen. So entsteht der hübsche Schmollmund.

Blauer Schmetterling

❶ Die Schmetterlingsform wird hier ausnahmsweise mit dem Katzenzungenpinsel aufgemalt. Zuerst die Flügel, dann der Körper.

❷ Auf die noch feuchte Farbe des Schmetterlingskörpers groben holographischen Kosmetikglitter auftragen.

❸ An den Flügelenden breitere goldene Striche von innen nach außen malen. Zwischen diesen etwas dünnere dunkelgrüne und rote Striche ziehen. Die Farbe darf ineinanderfließen, das bringt schöne Effekte.

❹ Zuletzt die blauen Fühler auf die Stirn malen und die Lippen rot nachziehen.

Farben

- **Blau, Gold, Grün, Rot, Schwarz, kosmetischer Glitter, grob und fein**

Hilfsmittel

- **Pinsel**

Gefährlicher Leopard

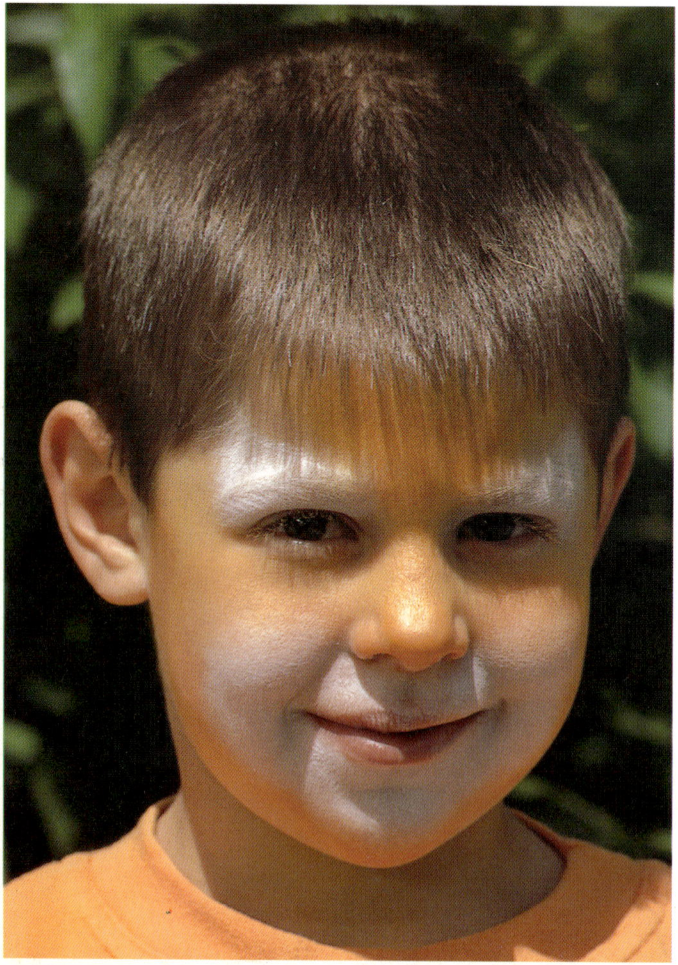

❶ Oberhalb der Augen und um den Mund mit feuchtem Schwämmchen weiß und von der Gesichtsmitte aus gelb grundieren. Von der Stirn zur Nase und um den Mund die weiße Grundierung mit Orange umrahmen.

❷ Mund und Nasenspitze schwarz bemalen und oberhalb der Oberlippe rechts und links schwarze Punkte als Schnurrhaare auftupfen.

❸ Von den Nasenflügeln zum Kinn rundherum Zacken aufmalen.

❹ Die Augen von den Nasenflügeln aus zügig nach oben mit schwarzer Farbe be-tonen.

❺ Zuletzt mit dem Rundpinsel auf die Stirn und auf die Wangen jeweils ovale Punkte tupfen.

Farben

- **Orange, Gelb, Weiß, Schwarz, Glitter**

Hilfsmittel

- **Schwämmchen**
- **Pinsel**

Schlitzohrige Seeräuber

Farben

- **Schwarz, Rot, Glitter**

Hilfsmittel

- **Stoppel-schwämmchen**
- **Pinsel**

❶ Mit dem Stoppelschwämmchen schwarze Farbe als Drei-Tages-Bart auftupfen.

❷ Schwarze Augenklappe und rote Augenbinde mit dem Katzenzungenpinsel aufmalen. Die Augenbinde mit Schwarz und Glitter umranden.

❸ Die Narben auf Stirn und Wangen mit schwarzer Farbe und Glitter aufmalen. Gut trocknen lassen. Danach die Narbe im Zickzack mit Rot und Glitter nachfahren. Die rote Farbe als Blut etwas dünnflüssiger auslaufen lassen.

❹ Bei der linken Maske die sichtbare Augenbraue mit schwarzer Farbe und Glitter nachziehen.

Geheimnis-volle Spinne

Farben

- Grün, Schwarz, Rot, Glitter

Hilfsmittel

- Schwämmchen
- Pinsel

❶ Das Gesicht mit feuchtem Schwämmchen grün grundieren.

❷ Mit dem Katzenzungenpinsel mit schwarzer Farbe um die Augen eine Maske aufmalen.

❸ Die Spinne auf dem Kinn mit dem Katzenzungenpinsel gestalten. Mit dem Rundpinsel acht Beine aufmalen. Zwei rote Punkte als Augen mit dem Pinsel auftupfen.

❹ Um die Maske mit Schwarz und Glitter ein Netz aufmalen. Den Mund schwarz ausmalen.

Schauerlicher Knochenmann

Farben

- Schwarz, Weiß, Rot, Glitter

Hilfsmittel

- Schwämmchen
- Pinsel

1. Zuerst Gesicht und Mund mit dem Schwämmchen weiß grundieren.

2. Mit dem Katzenzungenpinsel Gesicht und Augen schwarz umrahmen.

3. Die Nasenspitze schwarz gestalten. Über den Mund eine dünne, waagerechte Linie malen und senkrecht kleine schwarze und rote Striche ziehen.

4. Als Risse auf Stirn und Wangenknochen schwarze Linien anbringen, eventuell mit etwas roter Farbe auflockern.

5. Im schwarzen Bereich unter den Augen mit viel Schwung zwei rote Striche ziehen.

Bernhardiner & Schmusekatze

❶ Für den Hund mit brauner und weißer Farbe, auch über den Lippen, grundieren (siehe Abbildung Seite 5). Mund und Nase mit dem Katzenzungenpinsel schwarz aufmalen und schwarze Punkte über die Oberlippe tupfen. Eine heraushängende Zunge aufmalen, schwarz umranden und in der Mitte einen dünnen schwarzen Strich ziehen. Über den weiß-braunen Übergang der Grundierung und um die Augen hell- und dunkelbraune und schwarze Striche von innen nach außen malen.

❷ Für die Katze oberhalb der Augen und um den Mund weiß und die Gesichtsmitte gold grundieren. Das ganze mit Mittelbraun umrahmen. Den Mund schwarz und das Näschen rot ausmalen. Rechts und links der Nase schwarze Punkte setzen und Schnurrhaare von innen nach außen ziehen. Die Striche von der Stirn zur Nase und um das Gesicht in umgekehrter Weise von außen nach innen mit Gold, Schwarz, Braun und Weiß ziehen. Zusätzlich die Augen mit Schwarz und Glitter betonen.

Farben

- **Weiß, Hellbraun, Mittelbraun, Gold, Schwarz, Rot, Glitter**

Hilfsmittel

- **Schwämmchen**
- **Pinsel**

Unterwasserwelt

❶ Rechte und linke Gesichtshälfte mit feuchtem Schwämmchen dünn weiß vorgrundieren, darüber hellblau geben.

❷ Auf die rechte Seite einen gelben Fisch malen und mit Schwarz umranden. Einen kleinen roten Strich als Mund ziehen und einen kleinen schwarzen Punkt als Auge setzen. Vom Fischmaul ausgehend weiße Punkte als Luftblasen über die Nase zur Stirn tupfen. Vom Fisch aus nach unten zum Kinn weiße und blaue Striche ziehen. Die Wasserpflanzen mit grüner Farbe vom Fischrücken aus in Schnörkeln über die Schläfen zur Stirn anbringen. Schwarze und weiße Striche als Lichtpunkte in den grünen Bereich setzen.

❸ Auf die linke Seite einen roten Stern als Seestern malen, mit Schwarz umranden. Wie beim Fisch werden die Wasserpflanzen nach oben und unten angebracht. Der Mund wird rot ausgemalt.

Farben

- **Weiß, Hellblau, Gelb, Rot, Schwarz, Grün, Glitter**

Hilfsmittel

- **Schwämmchen**
- **Pinsel**

Regenbogen & Blumenranke

Farben
- **Lila, Pink, Gelb, Weiß, Grün, Schwarz, Glitter**

Hilfsmittel
- **Schwämmchen**
- **Pinsel**

❶ Etwa 2 cm unterhalb des Haaransatzes von der linken Schläfe über die Stirn bis zum rechten Wangenknochen mit dem Schwämmchen ineinanderfließend lila, pink und gelb grundieren. Bei der Blumenranke nur ein Drittel der Gesichtshälfte in Pink grundieren.

❷ Den Rundpinsel in weiße Farbe tauchen, Glitter aufnehmen und die Sterne setzen. Die Striche der Sterne von innen nach außen aufmalen. Nur dann erhalten sie schöne Spitzen. In den Regenbogen mit dem Rundpinsel Punkte in Pink, Lila und Weiß setzen. Zum Mundwinkel hin Zacken in Weiß, Pink und Lila ziehen.

❸ Bei der Blumenranke fünf gelbe Punkte zu einem Kreis tupfen, in der Mitte einen weißen Punkt anbringen. Das ergibt die Blumen. Die Blüten mit grünen Schnörkeln verbinden und Blätter setzen. Die Blätter und die Enden der Schnörkel schwarz umranden.

❹ Der Mund wird bei beiden Masken mit dem Katzenzungenpinsel rot ausgemalt.

Romantischer Sternenhimmel

❶ Ein Drittel der Gesichtshälfte in Pink oder Blau mit feuchtem Schwämmchen von der Stirn bis zum Kinn grundieren.

❷ Beim blauen Himmel den Pinsel in weiße Farbe tauchen und Glitter aufnehmen. Damit auf Stirn und Wange Sterne setzen. Die Striche der Sterne von innen nach außen aufmalen. So erhalten sie schöne Spitzen. Von der Schläfe ausgehend zwei weiße Schnörkel untereinander setzen.

❸ Beim pinkfarbenen Himmel einen grünen Fünf-Zacken-Stern auf Stirn und Wange malen, mit Lila umranden. Hier die Schnörkel in Gelb arbeiten. Die weißen Schnörkelenden dunkelblau umranden, die gelben mit Lila.

❹ Dazwischen in den jeweiligen Farben, Weiß, Hellblau, Dunkelblau bzw. Pink, Gelb, Lila, Punkte setzen. Die Lippen rot ausmalen.

Farben

- **Blau, Hellblau, Weiß, Pink, Gelb, Lila, Grün, Rot, Glitter**

Hilfsmittel

- **Schwämmchen**
- **Pinsel**

Neben dieser Auswahl aus der Brunnen-Reihe haben wir noch viele andere Bücher im Programm:

Hobby- und Bastelbücher, Bücher zum Spielen und Lernen mit Kindern, Ratgeber-Bücher für Eltern

Wir informieren Sie gerne - fordern Sie einfach unsere neuen Prospekte an.

3-419-56016-8

3-419-56017-6

3-419-56014-1

3-419-56013-3

3-419-56051-6

Wir sind für Sie da, wenn Sie Fragen zu AutorInnen, Anleitungen oder Materialien haben.
Und wir interessieren uns für Ihre eigenen Ideen und Anregungen. Faxen, schreiben Sie oder rufen Sie uns an.
Wir hören gerne von Ihnen! Ihr Christophorus-Verlag

CHRISTOPHORUS
Bücher mit Ideen

Hermann-Herder-Str. 4 / 79104 Freiburg i. Breisgau
Tel: 0761/2717-0 oder Fax: 0761/2717-352